O Movimento Literatura Clandestina
Apresenta

em:

Poemas indigestos

1

Poemas indigestos

Outras publicações de A.J. Cardiais:

Busca Insana
Crime de Dolo
Erva Daninha
Exercício de Liberdade
Ensaio para coisas bobas
Conficção – contos eróticos - Amazon
Instante agudo
Teoria Autodidata
Blefe
Poesias Crônicas - Amazon
Espelho Para os Conflitos
Festa Para as Palavras
Inquietações da Alma
Isto É Poesia?
Labirinto
Liberdade das Ideias
Método Para Abusar Palavras
Mora, na Filosofia
O Amador
O Assovio das Coisas
Poemas Radicais
Poeminhas Açucarados Para Corações Apaixonados
Sub Versos Corrosivos
Desconstruções
Pró Natureza
Prosopopeia Desvairada
Psicografando-me
Sambaquis
Um Quase Nada
Escrevo, logo existo

A.J. Cardiais

Poemas indigestos

1ª edição
2020

Editor Independente
Salvador - Bahia

Poemas indigestos

4

Poemas indigestos

Capa: KDP
Imagem da capa: A.J. Cardiais

ISBN: 9798682582617

Poemas indigestos

6

SUMÁRIO

Poemas indigestos

10

A criminalidade

A criminalidade
está tomando o poder,
e a sociedade
se tornando criminosa.

Temos que matar
para não morrer,
deixando a morte
cada vez mais poderosa.

As pessoas que representam as Leis,
foram corrompidas
e agora vivem perdidas
no meio desse temporal,
achando tudo normal...

21.03.2017

Reparação

Quando as pessoas
se olharem como gente,
não haverá o diferente.

Liberdade é ser
o que quiser:
homem, mulher...

Discriminação
é não respeitar,
e dar opinião
procurando mudar.

Religião deveria ser
algo para "religar",
e não para separar.

11.01.2017

Soneto insignificante

Nem tudo é comida,
nem tudo é bebida,
nem tudo tem porquê
ou por causa...

Nem tudo casa,
nem tudo rima.
Nem tudo cria asa
e fica por cima.

E agora José?
Jacaré no seco anda,
caranguejo anda de lado...

Eu mergulhei no passado
e vi um poeta dizendo:
o insignificante é o significado!

21.01.2017

Focado no topo

Já faz tempo que escalo minha montanha...
Ela não é tão alta, nem tão íngreme.
Porém não sei quanto falta,
para eu chegar ao cume.

Para falar a verdade,
não vivo esta ansiedade
de chegar ao topo...

Vou subindo devagar...
Admirando a paisagem
e curtido esta viagem,
que sei que é só ida.

Tenho a ligeira impressão
que o tão almejado topo
seja só uma miragem.
Então não quero fazer a bobagem
de focar minha vida,
só numa imagem.

19.01.2017

Filosofia poética

Não considero a poesia
como um "simples brinquedo"...
Considero como uma filosofia,
carregada de segredos.

Os poetas verdadeiros,
são como os três mosqueteiros:
estão sempre a combater.

09.01.2017

O que sou

Não me perguntem o que sou,
porque não sei se sou,
ou se procuro parecer.

Eu digo que sou...
Mas como você me vê?
Eu tenho que ser
para mim ou pra você?

O que importa
nesta ideia torta
é o prazer...

O prazer é uma porta
de dar e receber.
O resto, deixa acontecer.

Mas na verdade eu sou isto:
sou a loucura,
tentando plantar a cultura
do imprevisto.

02.02.2015

Jogo literário

Os poetas estão por aí,
procurando sair
deste mundo falso.
Os poetas estão dando salto,
tentando pegar
na borda da vida...

Ser poeta não tem saída:
é uma bola dividida.
Ou você chuta sem medo
de "perder o pé",
ou você será só
mais um jogador qualquer
neste jogo literário.

16.12.2014

Ninguém sabe mais que ninguém

Um pescador sabe tanto
sobre pescaria,
quanto eu sobre poesia.
O que vale nesse mar,
é meu interesse por pescar,
e o dele por poetar.

Um pedreiro sabe tanto
sobre construção,
quanto eu sobre declamação.
O que vale neste patamar,
é meu interesse em consertar,
e o dele por declamar.

Um agricultor sabe tanto
sobre agricultura,
quanto eu sobre literatura.
O que vale, nesta altura,
é meu interesse em cultivar
e o dele em poetizar.

24.08.2015

Tende piedade

Deixe o poeta se descobrindo por si.
Deixe o poeta se divertir...
Poesia é uma sina,
que não se ensina,
afinal.

Poesia é um bem e um mal.
Bem sabe o poeta
de todas as agruras da vida.
Mas mal sabe ele,
da sua vida bandida.

Lutar, com rimas frágeis,
contra um sistema feroz...
Poesia, tende piedade de nós.

19.04.2011

Perambulações

Tarde, e tudo mais, cinza...
Crianças, cães e velhos
à míngua...
Famigerados olhares
indiferentes,
passeiam em busca dos carros.

A vida é uma piada
enlameada.
Eu canto horrores.
Quem quer comprar misérias?

Os que têm posses,
não passeiam
pelas avenidas.

Alguns pedintes
"enlameariam-lhes" a alma
(caso houvesse).
Tarde e tudo mais, CINZA.

02.12.1990

"Coisando"

Eu brinco de "coisar",
pra coisa não brincar comigo.
A coisa,
quando me vê brincado,
não me leva a sério.

A coisa é um mistério,
cheio de rima.
Quando você se distrai,
ela dá um mote.

A coisa é uma coisa,
que ninguém sabe o que é.
O que é uma coisa?
É qualquer coisa, ué!

Ué, que poderia ser uai,
que poderia ser oxente,
que poderia ser tchê...
A coisa poderia ser você.

Não sei...
Deixe esse negocio
de "coisar", pra lá.

14.01.2011

Soneto mortal

Não quero deixar
que a morte
ponha a culpa em mim,
no dia que eu partir...

Não quero que ela diga,
que eu fiz pouco desse vida;
que eu não me cuidei;
que eu me entreguei...

A morte chega chicanando,
dos que facilitam a sua chegada.
A morte dá é gargalhada.

Para os que estão "nos deixando",
se terem "facilitado nada",
todos dizem: a morte foi culpada!

21.09.2010

Oscilações da vida

A tarde finda...
O céu está
que é uma coisa linda...
Olhando para o céu,
penso em Danniel, *
penso em Kinda... **

Estarão fazendo
um poema agora?
Os atalhos da internet
nos entrelaçam,
os poemas nos abraçam
e os versos nos animam...

E segue
cada um no seu posto
versando, ao seu gosto
as oscilações da vida.

* Danniel Valente - poeta
** Anorkinda Neide – poeta

15.12.2010

Iletrado

Estou escrevendo
de baixo pra cima,
como quem raciocina
só para sobreviver...

Se estou atirando,
é para me defender.
Se estou matando,
é para não morrer...

Só estou defendendo
o meu espaço.
Faço o que sinto.

O risco é de aço.
Eu sou uma régua,
a vida é o meu passo.

19.07.2011

Oferenda

Que ninguém me entenda,
eu armo minha tenda:
TUPY, OR NOT TUPY?
Sertanejo, vide bula!
Não me engula.
As minhas palavras
não matam a fome, a gula,
a sede de poesia
et hipocrisia;
não mata nada
a não ser
minha eterna covardia
de ser tão pouco
quando muito queria...
TUPY, OR NOT TUPY?
Que tal TAPUIA
        TAMOIO
        OU GUARANI?
Retornemos singelamente
para os braços
de nossa gente...
Os "gringos"
não nos interessam mais.

31.05.1989

Amo o teu nome

a B.V.

Amo o teu nome...
Porém,
não o citarei em vão.

Muitos olhos o arranharão,
se, por acaso,
descobri-lo em mim.

Nos olhos
existem magias,
que até Freud
há de convir.

04.11.1989

Impacto brusco

O que eu busco
é um impacto brusco,
para acordar o povo.

O que eu busco,
não é nada de novo...
Eu quero é quebrar o ovo,
e por tudo às claras.

Não quero "joias raras".
Quero as intenções.
Não quero alegorias,
quero as emoções.

18.07.2011

Xote da libertação

Todo esse tempo que fiquei de infusão
torturando o meu pobre coração,
serviu para libertar-me da paixão
e enxergar as coisas como devem ser.

Todo esse tempo que eu vivi só pra você
aprendi que a coisa não é bem assim.
Preciso entregar-me ao prazer
de ter alguém que goste de mim.

Não adianta viver sempre ao seu lado
amuado, machucado...
Sem ter nada a dizer.

Já descobri que continuo a ser gente.
Então, daqui pra frente
eu vou voltar a viver.

25.09.2002

A mãe de tudo

Por que você não consegue
ver aquela flor?
Por ser uma flor simples,
do mato, sem nenhum valor?

Mas a Natureza se enfeita,
a borboleta se deita,
o dia triste parece sorrir,
cheio de amor.

Por que você não consegue
ver que a Natureza
é mão de todas as coisas,
e que Deus é nosso Pai?

Porque você só vê dinheiro,
e em tudo
quer ganhar mais.

28.11.2009

Esbórnia política

Para alcançarem o poder:
 eles se vendem
 eles se compram
 eles se rendem
 eles se tocam
 eles se manipulam
 eles ululam
 e dançam até o chão...

Eles brigam
 eles xingam
 eles rompem
 eles atam...

Eles se abraçam
 eles se consomem
 eles são e não são homens
 eles são inescrupulosos
 eles são mafiosos
 eles querem O PODER.
 O resto, depois você vê.

21.09.2010

Só desejar você, não basta

Eu fico lhe desejando...
Mas você bota
tanto empecilho,
tanta dificuldade,
que eu acabo esfriando...

Não é que eu seja um covarde...
Mas eu não gosto
de conseguir nada,
na força bruta.

Se você gosta de luta,
eu gosto é de carinho.
Se você gosta de espinho
eu gosto mesmo é da flor...

Se você não quer amor,
por favor,
deixe esse lugar vago...
Você está me causando estrago,
forçando-me a ser um ator.

Negritude

Minha negritude está
onde ninguém vê.
Está no DNA
misturado ao dendê.

Está na consciência,
está na alma...
Está no Orixá,
que me acalma...

A minha negritude,
é uma questão de atitude,
não de epiderme...

A nossa carne
tem um valor enorme:
alimento de verme.

24.02.2012

Mal traçados versos

Venho por estes mal traçados versos
mostrar assuntos diversos,
de situações reais.

Venho, sem "traços intelectuais",
falando de coisinhas banais
e do sofrimento do povo
deste nosso país.

Não preciso dizer quase nada,
pois a "imagem" já diz:

Este povo é feliz
porque nasceu para ser...
Porque a situação
é de entristecer.

19.08.2012

Atração fatal

O amor
vive a perguntar
por mim.
É algo assim...
De atração fatal.

O amor é mortal.
Quando olha para mim,
rima desigual:
consumir,
acabar...

O amor é um mal,
que mora em mim.
É um caso assim...
Se foi bom, foi legal.

21.07.2011

Liberdade de expressão

Preciso soltar o meu ar...
Preciso falar
do meu universo.

Se tomo emprestado
palavras
que não são do meu caminho,
eu construo
um caminho falso.

Todos os dias
tenho que me reconstruir,
temendo as tentações
que me mostram onde ir.

Quem vive preso às besteiras,
faz um mundo de sujeiras.
E o que está limpo,
eles tentam sujar,
de qualquer maneira.

14.10.2011

Poetizando o momento

Não quis ser profeta...
Também não pensei
em atuar como poeta.

Porém algo me dizia,
que você aqui não estaria
em determinado dia...

Não sou tão fã das rimas,
mas estas meninas
acompanham-me.

O que hei de fazer?
Livrar-me delas, ou de você?

A tua ausência marcou,
como lenha na fogueira:
foi queimando, e queimou.

O mundo é meu,
agora que estou só...
Mas este choro em mim,
é que destrói tudo.

23.06.1990

A falta de amor

Não sei se a noite esfriou,
ou se é a falta de amor
que está me congelando.
Não consigo nem sonhar...

Sinto-me perdido,
preciso me encontrar...
Mas como me encontrar,
nessa escuridão?

A falta de amor
deixa a mente turva...
A felicidade vai aonde
o vento faz a curva,
e sopra para o deserto...

E você tão perto,
não consegue escutar
o meu coração.

06.09.2010

Um dilema

Estou aqui reclamando da minha "vidinha",
enquanto tem alguém por aí que,
se tivesse uma vida igual à minha,
se sentiria feliz...

Isto é um poema?
Não sei...
Para mim é um dilema.

03.03.2010

Capa de poeta

A minha capa de poeta
não me protege
do frio do medo...
Antes, revela meu segredo.

A minha capa não me cobre...
Antes, não quer que eu me dobre
a certas situações da vida.
A minha capa é indefinida:

Não é capa, é cruz.
Não é sombra, é luz.
Não é nada e sendo...

E, em cima ou
embaixo da capa,
eu vou vivendo.

Inimigo da realidade

Apesar de brincar sempre
de que sou irresponsável,
eu sou responsável pra cachorro
(pra filhos, gato, periquito,
plantas etc).

Apesar de dizer que vivo
fugindo da realidade,
ela esta sempre comigo.
Mesmo eu sendo seu inimigo!

Ela diz que inimigo declarado
é melhor que amigo falso.
Este, vive no seu encalço
só para vê-lo derrotado.

Apesar dos pesares,
estou sempre "nos ares"
quando se trata de viver...
E quando a realidade me chama
dá um trabalho danado pra descer.

De hoje para amanhã

O que escrevi hoje,
pode não servir para amanhã...
Pode não ter mais o mesmo elã.

O que escrevi hoje,
amanhã pode estar podre...
Uma ideia apodrecida
pode prejudicar a vida.

O que escrevi hoje,
amanhã poderá ficar ausente
para prevalecer o presente.

02.03.2015

Experimentações

Não... Não quero inventar...
Colocar o poema
de pernas pro ar,
não vai adiantar...

Assim não consigo passar
minha emoção...
O poema não é uma construção... (ou é?)
O poema é um sentimento. (ou não?)

O mais certo é: cada poeta
que faça o poema
como quiser...

Eu sigo minha linha,
você segue a sua...
E a poesia continua.

06.09.2015

Poetas são tudo

Poetas são seres de plástico:
não enferrujam e são maleáveis.
Poetas são seres de elástico:
se esticam até onde podem.

Poetas são seres horríveis...
Com seus sonhos "impossíveis",
querem que todos acordem.

Poetas podem ser tudo:
pedreiro, pintor, marceneiro,
mecânico, motorista, borracheiro,

policial, advogado, arquiteto...
O poeta, como um objeto,
é um sofrível escudo.

06.03.2015

Querendo saber de mim

Querendo me conhecer,
não olhe como me visto,
porque não me visto:
me cubro.

Não olhe o que tenho,
porque não tenho nada.
Não pergunte o que ouço,
porque ouço quase tudo.

Não pergunte o que leio,
porque só leio o que me interessa.
Não leio para me exibir.

06.03.2015

Mercador

Poesia, poesia, poesia...
Cada poeta, com sua filosofia,
faz sua poesia louca,
soltando do céu da boca
versos cheios de harmonia.

Poesia, poesia, poesia...
Uma boa, outra ruim.
Uma assada, outra assim...
Uma faz chorar, outra faz sorrir.
Uma quer continuar,
outra quer desconstruir...

E o editor capitalista,
tira a poesia da lista
dizendo: poesia não vende!
Mas o poeta que não se rende,
joga a poesia na pista.

20.03.2015

Com açúcar e sal

Não faço poema experimental...
Faço poema com açúcar e sal.
Às vezes coloco pimenta,
para ver se esquenta.

Não faço poema inventado.
Só faço poema se estiver inspirado.
Às vezes fica muito adocicado,
às vezes muito salgado...

O meu único problema
é que escrevo poema
sem me preocupar com esquema.

Às vezes carrego umas ideias nas entrelinhas,
porque infelizmente as palavras
não brilham sozinhas.

25.03.2015

Tudo às vezes

Às vezes eu preciso
de algum subsidio
para escrever,
porque não dá pra viver.

Às vezes preciso morrer
nas entrelinhas.
Muitas vezes a dor
não é minha.

O mesmo posso dizer
da tristeza
ou da alegria.

Às vezes minha vida é vazia.
Então para compensar,
eu encho com poesia.

25.03.2015

Poema criminal

O crime está com a palavra...
O crime
o creme
o cromo...

Cromados poetinhas de chumbo,
estufam o peito de pombo
e declamam a paz...

O crime agora jaz,
dentro de um poema mundano.

05.04.2015

Consequências

Este poema
não é poesia...
Poesia vive num dilema
com a tal da filosofia.

O poema causa um problema,
ou resolve com palavras.
Poesias são como clavas,
quando atingem nosso ego.

Este é a cruz que carrego,
por não conseguir ser
um poeta afamado:

Minha vida está sempre no prego.
Pior que nunca consigo fazer
um poema "bem traçado".

05.04.2015

Vazio

Está difícil digerir este vazio...
Talvez este silêncio seja
a causa de tudo.
O tempo parece mudo,
com a falta de energia elétrica.
Ainda por cima, o tempo está chuvoso.

Eu poderia estar nervoso,
com tanta falta.
Porém um poema me assalta,
levando minhas lamentações.

09.04.2015

Momento complexo

A dor que me ocupa
não me deixa versar nada...
Aliás, eu é que chamo de dor,
este momento complexo.

Não sei como outra pessoa
classificaria.
Estou numa calmaria...
Apesar da ventania
lá fora.

09.04.2015

Soneto escamado

Não tenho um poema
que me revele;
que mostre minha cara
ou minha pele.

Não tenho um poema
que me classifique;
que mostre minha tara
ou o meu pique...

Não tenho poemas
que resolvam problemas.
Eles só resolvem rimas.

Não tenho poemas
cheios de esquemas,
nem de escamas.

19.04.2015

Poema pra consumo

Meus poemas estão perdidos
pela internet da vida.
Estão procurando uma saída
pra não serem só consumidos.

Hoje tudo é pra consumo.
E o homem é o consumidor.
Por isso que não me acostumo:
estou mais pra conservador.

Não sei simplesmente descartar
algo que ainda me satisfaz.
Sou mais de conservar.

E nesse negócio de leva e traz,
alguma coisa tem que ficar...
Senão a história da vida jaz.

17.04.2015

Construções

Se você olhar para o tempo
com um olhar envenenado,
o tempo parecerá parado...
Mas o tempo não para.

Ele segue em frente.
É por isso que a gente
está sempre atrasado,
e o tempo adiantado.

Quando você volta,
e pensa que é a mesma coisa,
já não é a mesma rosa.
Não é a que você queria.
Tem outra Ave Maria
escrita na lousa.

Tem outra rima fácil
se fazendo de difícil.
Tem outro edifício
construído em seu pomar.

14.04.2015

Deixe o tempo

Deixe o tempo distrair...
Deixe o tempo consumir
o que está quebrado,
torto ou remendado.

Deixe o tempo destruir.
Deixe o tempo construir...
Deixe o tempo ir.
Deixe o tempo sorrir.
Deixe o tempo se abrir.

Deixe o tempo se embriagar.
Deixe o tempo cair.
Deixe o tempo se levantar.
Deixe o tempo sair...

Deixe o tempo...
O tempo só vai
quando tem que ir.

14.04.2015

Por mais que não pareça

Por mais que não pareça,
sempre quero passar uma mensagem.
Não importa se a viagem
é de carro ou de carroça.

De forma séria ou em troça,
eu mando meu recado.
Mando passear na roça
o mocinho sofisticado.

Por mais que não pareça,
a simplicidade exige
algum conhecimento.

Penso o meu momento
e faço com que desapareça
tudo que me aflige.

20.04.2015

Poetizando tudo

A poesia está por aí... pelo ar.
O poema está na terra,
no mato, na guerra...
Está no ato de rimar.

O poema é articulador.
A poesia é só amor.
A poesia é
como se fosse mulher:

Cheia de beleza...
O poema é pé de chinelo.
A poesia é nobreza.

O poema é o martelo
martelando a dureza.
A poesia é o belo,

exibindo sua beleza

20.04.2015

In: justiça cega

Dona Justiça é cega mesmo...
Por isso não anda vendo
o que os políticos estão fazendo:
estão roubando a esmo.

Roubam do torto e do direito.
Roubam até do pobre!
Tiram níquel, vintém, cobre...
Roubam de qualquer jeito.

Eles só pensam em roubar.
E o povo quando vai votar,
pensa que votou direito.

Mas basta o cara ser eleito,
para se mostrar "imperfeito"...
E não adianta denunciar.

22.04.2015

Mensagens & vertigens

Não falo tanto dos meus amores.
Falo um pouco das minhas dores,
das minhas alucinações
e dos meus questionamentos.

Penso ser igual a todo mundo,
mas todo mundo me acha diferente.
O poeta Cássio Jônatas disse num poema:
"Eu não me encaixo, eu não me acho"...

Cássio, eu também vivo assim.
Será que a poesia tem dó de mim?
Será que a culpada é ela?

Sem motivo chego à janela,
só para arejar...
Olho o horizonte, e começo a poetar.

25.04.2015

Soneto vazio

Na cabeça do poeta
nem sempre tem poesia.
Às vezes está tão vazia,
que nada lhe completa.

Parece o vazio do universo,
o vazio de tudo.
É justamente porque o mundo
está ficando complexo.

O poeta escreve um soneto
vazio – não metrificado –
porque o soneto é limitado,

e se arruma do mesmo jeito.
São quatorze versos:
dois quartetos e dois tercetos.

26.04.2015

Sermão poético

Não rabisque qualquer coisa,
e jogue como poema.
Primeiro ingira, rumine...
Veja se vale a pena.

Um poema é só um poema.
Mas poesia é o belo de tudo.
Pode estar nas artes,
ou em qualquer coisa do mundo.

Poesia é tudo de belo.
Por isso deve ser respeitada.
Quem rima com martelo,

é porque quer levar martelada.
Quem rima com chinelo,
então deve levar chinelada.

27.04.2015

Poema do fundo do poço

Preciso fazer um poema
que mostre que estamos
no fundo do poço.

Preciso mostrar que o poeta
é de carne e osso;
não é um super-herói.
Ver o povo sofrendo dói...

Enquanto o país está afundando,
os políticos continuam roubando,
e o pobre do povo acreditando

que esse bando de ladrão
resolverá nossa situação...
Em qual encarnação?

26.03.2015

Desbravadores ou marginais

Alguma coisa precisa ficar de fora,
para manter o equilíbrio.
Algo precisa sair do prumo,
para mudar o rumo.

Alguém precisa sair
e tentar construir
uma nova ideia.

Vejam que mesmo sem plateia,
a natureza procura gerir.

05.04.2015

Perdendo a ideia

Quando eu perco
o fio da navalha,
a poesia encalha
ou muda de direção...

Ai navego na contra mão,
e a alcateia me estraçalha...
Não tem santo que me valha
dessa "desconstrução".

Quando eu perco a ideia,
entro em parafuso
e nada me norteia.

Você não sabe o que é isto...
Fica tudo confuso
pra quem quer ser bem visto;.

12.04.2015

Tecedor de poemas

Espero o poema acontecer...
Quando ele não acontece,
não tenho o que escrever.
Ai o poeta entristece.

13.04.2015

O xis da questão

Não gosto de rimas forçadas.
Apesar de que
às vezes é preciso,
para criar "um paraíso".

Não inalo o poema como uma obrigação...
Não quero este "poder"...
Gosto é de sentir o prazer
quando vem a inspiração.

Não quero aprender nada.
Só quero subir esta escada
que leva ao saber.

Sou escravo da liberdade.
Pra mim, tudo que se aprende,
não deve ser para prender.

22.05.2015

Poema X

Gosto de fustigar o poema;
de pisar nos versos e arriscar na ideia.
Gosto de morder a plateia
com ideias simples,
e ficar exposto às intempéries
dos sábios teóricos.

Gosto dos poemas diabólicos;
dos poemas adormecidos nas calçadas,
e cobertos por uma colcha
de palavras furadas.

Gosto do poema sem pena,
sem pormenores, sem "grã-finagem",
sem bobagem,
e sem disse me disse...

Gosto do poema sem tolice:
que chegue e diga o que quer,
do jeito que quiser,
e que sabe dizer,

24.05.2015

Vida de poeta

Nem só de poesia
é a vida do poeta...
Tem uma filosofia,
que é muito discreta.

26.05.2015

O que me move

O que me move é o amor...
O amor é meu combustível.
Sem ele tudo fica horrível:
meu mundo fica sem cor.

28.05.2015

Sou poeta, e daí?

Não quero saber descrever
sobre uma cadeira vazia...
Quero sentir a poesia,
que nem todos podem ver.

Não quero "fazer e acontecer"
com a palavra.
Muito menos fazer dela
minha escrava.

Quero deslizar sobre a poesia,
mergulhar nesta filosofia
e poder dizer:
sou poeta, e dai?

01.06.2015

Horas extras

Enveredo pela madrugada fria
polindo versos e palavras,
livrando de normas escravas
uma singela poesia.

Sento-me para escreve,
(e nisso meu café esfria)
procurando me conter
na singeleza dessa poesia.

Enquanto a madrugada corre,
disputando com a noite vazia,
o sono que eu sentia, morre...

Insônia não rima com poesia,
porém o seu final acaba em "ia".
Então um soneto me socorre.

02.06.2015

Um falso soneto

Procurei construir um amor,
tentando viver melhor.
Mas você destruiu
tudo que não construiu...

Você chegou, sem ter dó,
e botou tudo a perder...
Você não sabe viver...
Ou melhor: tem que viver só.

Sei que este falso soneto
nunca irá lhe atingir...
Nem jogando em seu peito.

Agora, querendo te ferir,
estou fazendo do meu jeito.
Mas sei que você só vai rir.

16.05.2015

Soneto imperfeito

Não escrevo preocupado
com a perfeição da rima,
nem se vai ser "obra prima"...
Me preocupo com o riscado.

Para que escrever o poema?
Tem algum significado?
Por que escolher este tema?
Será que estou dando o "recado"?

(Isto sou eu me arguindo)
Aí o poema vai surgindo,
até eu dar por findo.

Quando alguém me diz:
que poema lindo!
Pode até estar mentindo,

mas eu fico feliz

12.05.2015

Meia palavra

Só falo quando sinto,
e sinto tudo que falo.
Quando nada sinto,
não minto: me calo.

03.06.2015

Poema sem ordem

Não escrevo mais compulsivamente,
como escrevia antigamente...
Primeiro escovo os dentes,
provocando palavras brilhantes.

A rima que vem de cima,
quase sempre me atinge.
Mas o poema às vezes finge
que não está com clima.

Loucura é minha postura
diante do espelho:
vejo um poeta velho,

(mas com um espírito jovem),
tentando conquistar a literatura
com poemas sem ordem.

03.06.2015

Nó de poesia

Eu queria saber dar um nó nas ideias,
como faz o poeta Manoel de Barros.
Mas infelizmente não sou um poeta
daquele quilate.

O meu latido
é um dó sustenido,
sem nenhum conhecimento
musical.

O nó de Manoel
se dissolve na leitura,
até por quem não tem a "frescura"
das Academias.

O nó de Manoel,
é um nó de poesia.

09.06.2015

Morena

A sua cor
seu corpo
seus cabelos
e sua cara sem vergonha,
é que me assanha,
e me deixa no cio.

18.06.2015

Definição sucinta

Não me defino...
Só sei dizer que sou baiano,
nordestino,
brasileiro,
sem dinheiro,
mas não vou pro estrangeiro
atrás da grana de ninguém.

A minha ambição
é tão pequena,
que cabe
em meu poema.

24.06.2015

De parto natural

Não me sento
e penso
sobre o que escrever...

Simplesmente deixo
a coisa acontecer.

Se o "bicho" não pegar,
nasce um poema
sem dó e sem pena,
de parto natural.

30.06.2015

Versando

Não quero poesia agora...
Às vezes ela é só pilhéria.
Hoje minha alma implora
por uma coisa "mais séria".

Não pago minhas contas,
escrevendo "poesias tontas"...
A poesia não me sustenta,
porém é o que me alimenta.

Levo minha vida versando,
enquanto muitos estão se preocupando
em ganhar e gastar dinheiro...

Fico observando a vida
que, se não for bem "digerida",
perde-se o tempo inteiro.

08.05.2015

Acordando pra lida e pra vida

Às vezes, quem acorda cedo pra ganhar uns
trocados,
pode ser mais feliz do que os que vivem trancados,
prisioneiros das suas próprias ambições.

Quem acorda cedo pode acabar curtindo
o sol nascendo;
pode ficar ouvindo
algum galo cantando,
enquanto está coando
e sentindo
o cheirinho do café...

Quem acorda cedo
pode estar fazendo
o que ninguém quer...
Porém pode estar vivendo
muito mais.

11.07.2015

O curandeiro

A Manoel de Barros

Ele sabe aplicar
injeção de metáforas.
Quando ele benze as palavras,
as ideias acordam
cheias de asas.

Ele reza as poesias
e elas voam,
como sinfonias,
para os olhos do absurdo.

Ele rima os astros
usando palavras ostras,
e tira pérolas
das pedras.

14.07.2015

Sol & chuva

O sol, quando acaricia,
faz poesia.
Porém quando ele agride,
está fazendo um revide.

A chuva, quando acaricia,
traz alegria.
Porém quando ela maltrata,
não está sendo ingrata...

Os homens são os culpados,
por destruírem nossas matas
e poluírem a Mãe Natureza.

24.07.2015

Cantando minha aldeia

Falo do meu universo,
falo do meu dia a dia...
Não digo ser poesia,
o que escrevo em verso.

Eu canto a minha aldeia.
Portanto, sou universal.
Não fico feito um animal
fuçando a vida alheia.

Respeito qualquer norma,
mas prefiro a liberdade
de escrever de qualquer forma.

A minha simplicidade
infelizmente não transforma
o orgulho da Sociedade.

17.06.2015

Atenuante

O poeta às vezes dá significado
ao insignificante.
O poeta é uma atenuante,
entre o aceitável e o delirante.

08.07.2015

Persona

Tem poeta que se enternece
com uma imagem,
ou com uma bobagem
que outas pessoas
não se importam.

Mas não se engane não,
meu amigo,
porque também tem poeta,
tão cheio de frescura,
tão cheio de usura,
que nem olha
para o próprio umbigo.

09.07.2015

Ganância e destruição

O que está destruindo o mundo
é a ganância do homem
que caminha para um poço
sem fundo.

Quem tem muito,
mais quer ganhar,
para gastar
com bobagens.

Tem pessoas ricas,
que são piores
que os selvagens.

27.07.2015

Fome de poetar

Estou deitado na cama
lendo um livro de Waly Salomão,
enquanto o sol me queima
sem comiseração.

O sol invade a janela,
invade meu coração,
invade eu, invade ela...
Comete o fenômeno da invasão.

Então eu asso um soneto,
enfiado num espeto,
pra saciar a fome de poetar...

Se Waly me deu assunto,
pego as palavras e junto,
tentando me comunicar.

28.07.2015

Reclamações em vão

Tudo que você vive reclamando,
sem ter nenhum jeito a dar,
acaba se tornando um fardo
difícil de carregar.

07.08.2015

A sensação de estar vivo

A sensação de estar vivo
é assistir o voo do urubu,
degustando um pedaço de sol
recheado de brisa.

A sensação de estar vivo
é estar amando
e observando
o desenrolar de tudo...

Viver é um estudo
muito delicado
e cheio de conteúdo.

Para a sensação ficar completa,
é só manter os sentidos
em estado de alerta.

08.08.2015

Um soneto para consolar

Gosto quando você me puxa
ou quando misturamos as letras
do verbo puxar,
mesmo escrevendo errado.

Este é um soneto ousado,
sem medo de ordem poética
nem de eclesiástica...
É um soneto "alterado".

Quando eu o idealizei,
estava deitado na cama,
querendo fazer amor...

Como a nega não quis nada,
eu varei a madrugada
poetando para consolar.

09.08.2015

Poeta "animal"

Estou num mar de inquietações,
apesar de estar quieto,
apesar de estar deitado,
apesar de estar coberto,
apesar de estar calado.

Um poema me adula
para escrevê-lo...
Mas meu desmazelo,
é tal e qual uma mula,
quando empaca.

Por isso perco tempo,
perco versos,
perco rimas
e o "escambau"...

Sou um poeta "animal"...
(como dizem os jovens hoje)
Chuto de qualquer jeito,
quando jogam um poema
no meu peito.

18.08.2015

Outro significado

O poema é só uma construção.
Já a poesia não...
Ela exige filosofia
e muita observação.

Por isso só construo poemas.
O que é um poema?
É um texto em versos,
que pode conter poesia ou não.

Um poema pode ser rimado,
pode ser engajado,
pode ser tresloucado...

Ou pode ser um soneto
escrito de qualquer jeito,
buscando outro significado.

18.08.2015

Sol invernal

O sol da tarde
no inverno,
até parece
que usa terno
porque nos aquece
cheio de formalidade.

21.08.2015

Ciladas

Não quero saber do "se"...
Sinal que não quero
saber de nada.

Rimo, fazendo batucada,
com ideias escabrosas,
armando ciladas.

Traço minhas arapucas
com palavras esquivas.
"Cê" pensa que são loucas,
porém são bem criativas.

Traço paredes nuas
sem pintura e sem reboco.
Cada qual trace as suas,
e pode dizer que sou louco.

28.08.2015

Saindo de cena

Cada poeta
se liberta,
quando prende
sua meta
num poema.

Aí o poeta
sai de cena,
deixando na tela
o poema.

31.08.2015

Aos olhos do poeta

Poesia,
é este dia
bonito,
e este sol
aflito
pedindo
passagem...

poema
são os olhos do poeta,
descrevendo
esta imagem.

31.08.2015

Experiência

Às vezes o poeta se perde no meio da poesia...
Os mais experientes param, sentam,
e deixam para outro dia.
E assim esperam por dias, meses, anos...

Outros,
mais afoitos,
enveredam por qualquer caminho,
pensando que todos eles
chegarão ao mesmo lugar...

Porém é aí que está a diferença:

02.09.2015

Olê, olê, bambu

Trago lá do fundo
do meu quintal,
embrulhadas num jornal,
notícias para todo mundo.

Num país sem ideais,
"movido" pelos jornais
e por políticos imundos,
o roubo tem ancestrais.

Esse povo que baba ovo
e se vende por quinquilharia,
faz da política um estorvo
e deixa tudo acabar em pizzaria.

Acorda povinho idiota,
que acha que ser patriota
é só torcer pela seleção!
Os políticos estão "se dando bem"
e não estou vendo ninguém
defendendo esta nação.

Os "politizados de plantão"
só defendem "seus partidos".
Eles só fazem alaridos
quando alguém chama de ladrão
seus políticos queridos.

30.08.2015

Poemas indigestos

100

A.J. Cardiais
(O Anarquista literário)

Um poeta, um sonhador, um buscador, um hippie, um Anarquista... Um vagabundo, tentando melhorar o mundo.

Visite minha página no Clube de Autores:
https://www.clubedeautores.com.br/authors/96437

Poemas indigestos

102

103